PETER BUTSCHKOW

ÜBERLEBEN

auf dem

FAHRRAD

LAPPAN

WER SPÄTER BREMST, IST LÄNGER SCHNELL.

Neben der Entdeckung des Feuers und der Büroklammer gehört die Erfindung des Fahrrades zu den größten Errungenschaften der Menschheit! Die Möglichkeit nur mit Muskelkraft auf zwei Rädern durch die Welt zu düsen und dabei ausschließlich die eigene Energie zu verbrauchen, keine Schadstoffe auszustoßen oder sonstige Umweltverschmutzungen zu bewirken, ist einzigartig. Und das Allerbeste dabei: Es ist auch noch gesund! Damit ist das Fahrradfahren der größte Feind der Pharmaindustrie und Ärzteschaft und natürlich der Energie- und Mineralölkonzerne, auch wenn sie scheinheilig das Gegenteil behaupten. Unbeirrt von allen Anfeindungen, erfreut sich das Fahrradfahren einer stetig wachsenden Begeisterung und ist aus der Welt der Beförderungstechnik nicht mehr wegzudenken. Allen begeisterten Stramplerinnen und Stramplern ist dieses Buch gewidmet – vom Lesen während des Radelns möchte ich jedoch eindringlich abraten ...

Peter Butschkow

INHALT

DER AUTOFAHRER

ER IST DER FÜHRER eines motorbetriebenen Fahrzeuges mit höchstem Sicherheitsstandard. Das Auto ist seit jeher für den Deutschen viel mehr als ein Beförderungsmittel, es ist Statussymbol und liebster Freund zugleich und steht auf seiner Werteskala noch vor dem Ehepartner. Der Deutsche lässt seinem Gefährt allerhöchste Pflege und Wartung zukommen und verbringt oft unzählige Stunden damit, unter der Motorhaube oder dem Wagenboden mit Sechskantschlüsseln oder Ölkännchen zu spielen und sich an der Technik lustvoll zu ergötzen. Ein Dialog mit anderen, vorrangig männlichen Autobesitzern, über die technischen Daten und die Fahrleistung ihrer Fahrzeuge, gehört für einen deutschen Autofahrer zur höchsten Form des Glücks. Obwohl er zur Konstruktion und Technik des Autos absolut nicht das geringste beigetragen hat, führt er sich auf, als hätte er das Auto eigenhändig gebaut. Während ein Fahrradfahrer seine ganze Persönlichkeit öffentlich macht, egal, ob Mann oder Frau, groß oder klein, dick oder dünn, schön oder hässlich, versteckt sich der Autofahrer anonym hinter der verspiegelten Scheibe seines Vehikels und lässt fremde Leistung für sich punkten. So kann es passieren, dass aus einem protzigen Boliden plötzlich ein dürres Männchen steigt oder aus einem rassigen Sportwagen eine alte Schachtel. Diese Scheingröße macht den Autofahrer zu einem arroganten Verkehrsteilnehmer und verleiht ihm gewissermaßen das Recht zur Vorherrschaft auf der Straße.

....

DER RADFAHRER

ER IST DER WAGHALSIGE FÜHRER eines luftigen Fortbewegungsmittels ohne jegliche Sicherheitsvorrichtung. Fahrradfahrer verfügen über keine Knautschzone, keinen Airbag und keinen Überrollbügel, auch keinen Sicherheitsgurt, dafür aber über das ausgeprägte Selbstverständnis, dass sie die Guten im Straßenverkehr sind – allein schon wegen ihrer makellosen Emission. Außerdem verfügen sie gegenüber den schwerfälligen Benzinkutschen über den Vorteil größerer Mobilität. Ein Fahrrad ist wendig und eignet sich sogar für Kunststücke und Stunts. Geschickte Fahrradfahrer überspringen locker Zäune und kleine Flüsse, und das auch mit Gepäck. Ein Rad kann man überall parken, es benötigt keine großen Stellplätze oder Parkhäuser, notfalls kann man es an eine Laterne hängen oder in einen Mauerspalt schieben, was für den Autofahrer schwerer möglich ist. Der Erzfeind des Radfahrers ist der Fußgänger, mit dem er sich mitunter einen markierten Teil eines Bürgersteiges teilen muss. In diesen Zonen kommt es oft zu Konfrontationen, weil der Fußgänger abgelenkt ist – z. B. vor Bushaltestellen – und die ihm zugewiesenen Laufwege missachtet. Akustische Warnhinweise des Radlers, wie Zurufe oder Klingeln, empfindet er als grenzüberschreitende Maßregelung und reagiert darauf mit unflätigen Beschimpfungen. Begegnungen dieser Art kommen im heutigen Straßenverkehr leider häufig vor – werden als Affekthandlung jedoch von der Straßenverkehrsordnung toleriert.

DAS FAHRRAD

Für alle Neugeborenen und Außerirdischen (also allen neu auf die Welt Gekommenen), hier eine kurze Erläuterung der wesentlichen Bestandteile eines Fahrrades:

DER RAHMEN ist das Basisgestell, an das sich alle Teile des Fahrrades klammern. Er kann verschiedene Größen, Formen und Farben haben, grundsätzlich jedoch trägt jeder Rahmen hinten und vorne ein Rad. Deswegen nennt man das Fahrrad in der Behördenbürokratie auch „Zweirad".

DIE REIFEN bestehen immer aus einer Felge und Speichen und einem rund gebogenen Gummirad mit Profil, in das Luft gepumpt wird. Eine ungeliebte Aufgabe für alle Fahrradfahrer, ganz besonders für Frauen. Ohne Luft in den Reifen könnte das Fahrrad allerdings nicht rollen. Versuche mit Betonreifen scheiterten.

DER SATTEL ist der Stuhl des Radlers. Er besteht oft aus Leder und kann verschiedene Formen haben. Bei längeren Touren kommt es auf dem Sattel zu Reibungen, die sich schmerzhaft auf das Gesäß des Fahrers auswirken können. Manche helfen sich mit Strampelhöschen, Cremes, Kissen, Einlagen oder einem Sprung in einen kalten See. Zur Not kann man in so einem Fall auch mal im Stehen weiterfahren.

D E R   L E N K E R ist das Steuergerät des Fahrradfahrers. Ohne Lenker würde der Fahrradfahrer an den nächsten Baum oder in das nächste Schaufenster fahren. Es gibt ihn in den verschiedensten Formen, immer aber hat er seitlich Griffe und dient zur Befestigung der Bremsbügel und eines Schalthebels. Je nach Bedarf befestigen manche auch Blumen, Straßenkarten, kalte Getränke oder ihr Navi am Lenker.

D I E   P E D A L E sind zwei gedemütigte Fußhalter, die ständig nur getreten werden. Täte man das nicht, würde der Fahrradfahrer keinen Millimeter vorwärts kommen. Es gibt sie in offener Form, aber auch mit Haltebügeln. Solche speziell für Radsportler, welche auf einer längeren Rallye häufig einschlafen und so nicht von den Pedalen rutschen können.

D I E   S C H A L T U N G ist der Liebling aller Radler. Männer lieben sie merkwürdigerweise mehr als Frauen. Eine Erklärung liegt vielleicht in der Technikphobie vieler Frauen. Mithilfe der Schaltung kann man sich das Treten leichter oder schwerer machen. Insbesondere bei Steigungen und Gegenwind ist sie herzlich willkommen. Die Schaltung verfügt über mehrere Gänge, die aber nicht aus Speisen bestehen.

D I E   B R E M S E ist eine raffinierte Installation am Fahrrad, die mittels Bremsbacken an den Felgen des Vorder- und Hinterrades, die Fahrt stoppen kann. Bedient man die Bremshebel zu resolut, kann es bei stramm funktionsfähigen Bremsen zu einem unerwünschten Abstieg über das Lenkrad kommen. Nur Fahrradkuriere verzichten ganz auf Bremsen.

DIE LICHTANLAGE besteht aus einer frontalen Lampe und einem Rücklicht, zuzüglich der Katzenaugen. Alternativ nehmen viele dafür aber keine Katzen mehr mit und bevorzugen handelsübliche, reflektierende Fertigprodukte. Das Licht dient der Sicherheit des Radlers, dem – neben dem Fußgänger – besonders im Dunklen wohl gefährdetsten Teilnehmer im Straßenverkehr.

DER GEPÄCKTRÄGER ist die Ladefläche des Fahrrades. Häufig ist dort ein Korb oder ein Sitz für Kleinkinder montiert. Ganz Verwegene nehmen darauf auch bis zu zwei mittelgroße Fahrgäste mit, die jedoch auf eigene Verantwortung. Im asiatischen Raum transportiert man auf dem Gepäckträger auch Vieh, Boote oder Container.

DIE KLINGEL ist ein am Lenkrad befestigtes, zumeist metallisches Objekt, das mittels eines Hebels durch leichten Druck mit dem Daumen ein lautes „Kling!" ertönen lässt, was ihr auch den Namen „Klingel" verschafft hat. Mit diesem Klingeln will der Fahrradfahrer eigentlich nur auf sich und sein tolles Rad aufmerksam machen.

DER ELEKTROMOTOR fürs Fahrrad ist wohl keine neue Erfindung, erfreut sich aber heute mit seiner weiterentwickelten Technik eines sagenhaften Booms. Wie von magischer Hand gezogen, radeln heute Massen von Menschen damit spielerisch über alle Berge – nur von ihren verzweifelten Geldinstituten verfolgt, die versuchen, die letzten Raten für die teuren High-Tech-Räder einzutreiben.

ES WAR EINMAL ...

... E I N E   Z E I T, da gehörte alle Hingabe und Vergöt-
terung dem neu erfundenen Benzinmotor. Als man dann
auch noch auf die Idee kam, ihn auf vier Räder zu mon-
tieren und einen Sitz und ein Dach draufzubauen, war das
Auto erfunden. Noch wusste man nicht genau, was man
damit anfangen sollte, aber die Erfindung des Getriebes
und des Lenkrades brachte den Durchbruch. Nun wollten
alle Menschen ein Auto. Pferdebahnen und -kutschen,
Esel und Karren verschwanden völlig aus dem Stadtbild,
jegliche Beförderung fand jetzt in und mit Autos statt.
Keine einzige Träne weinte man dem Fahrrad nach, nur
manisch Sportbegeisterte oder sozial Schwache traten
noch in die Pedale. Alle Menschen fuhren, aßen, tranken
und schliefen in ihren Autos, manche hatten sogar Sex
in ihnen. Letzteres war, zugegeben, auf einem Fahrrad
unmöglich. Es gab Autokinos, Autorennen, Autowasch-
anlagen, Autoverkäufer und Autoimmunkrankheiten,
also bei Leuten, denen beim Autofahren immer schlecht
wurde. Hier, liebe Freunde, in dieser Zeit der Verhöhnung
und Missachtung des körperkraftbetriebenen Zweirades,
liegt die tiefe Ursache allen Übels der heutigen Ver-
kehrssituation. Damals fehlte ein kluger Visionär, einer
der mahnte, nicht alles auf die Autokarte zu setzen, aber
alle waren von den geliebten Autoabgasen benebelt und
nicht mehr bei Verstand. Wenn es einen kritischen Geist
gegeben haben sollte, schenkte die Autoindustrie ihm
garantiert ein nagelneues Auto und stopfte damit sein
aufmüpfiges Maul ...

LENKRADSCHEIN FÜR FAHRRADFAHRER

PRÜFUNGSFRAGEN

- -

WELCHE WICHTIGEN PUNKTE GILT ES VOR DER FAHRT ZU BEDENKEN?

a) Gehört das Fahrrad Ihnen?

b) Haben Sie Ihre Klopapiere dabei?

c) Ist das Kettenschloss geöffnet?

SIE STEHEN NACHTS AN EINER MENSCHENLEEREN STRASSENKREUZUNG AN EINER DEFEKTEN ROTEN AMPEL. WAS TUN SIE?

a) Sie klingeln, bis jemand kommt.

b) Sie überqueren bei Rot die Ampel, weil sie das am Tag auch so machen.

c) Sie ändern Ihren Fahrplan.

AUF IHREM FAHRRADWEG SCHLÄFT EIN WILDSCHWEIN. WIE VERHALTEN SIE SICH?

a) Sie umfahren es vorsichtig.

b) Sie nutzen die Gelegenheit für einen Stunt.

c) Sie überfahren es und frieren es zu Hause ein.

AUF EINEM AUSGEWIESENEN FAHRRADWEG KOMMT IHNEN AUF BREITER FRONT EINE KOLONIE FUSSBALLFANS ENTGEGEN. WAS MACHEN SIE?

a) Sie bilden eine Gasse.

b) Sie geben einen aus.

c) Sie fahren eine Südkurve.

WIE SIGNALISIEREN SIE IM STRASSENVERKEHR EINE ÄNDERUNG IHRER FAHRTRICHTUNG?

a) Sie halten eine Kelle raus.

b) Sie wedeln mit einem weißen Taschentuch.

c) Sie schießen mit einer Signalpistole Ihren Richtungs-
wunsch in den Himmel: Rot: links. Grün: rechts.

SIE HABEN NACHTS AUF EINER LANDSTRASSE EINE PANNE.

a) Sie sperren Ihren Standplatz großräumig ab
und rufen den ADRFC (Allgemeiner Deutscher
Reifen-Flick-Club).

b) Sie bauen das Notzelt auf und öffnen Ihr
Überlebenspaket.

c) Sie flicken den Reifen und schimpfen nach dem
Deutschen Gemeinheitsgebot.

SIE WERDEN MIT IHREM E-BIKE IN EINER VERKEHRSBERUHIGTEN TEMPO-30-ZONE MIT 65 KM/H GEBLITZT.

a) Sie wünschen sich das Beweisfoto als Poster.

b) Sie schämen sich.

c) Sie leugnen, dass Sie gefahren sind.

AUF IHREM FAHRRADWEG STEHT EIN PKW.

a) Sie sprengen das Fahrzeug weg.

b) Sie warten vorschriftsmäßig, bis das Fahrzeug abgeschleppt wird.

c) Sie klemmen eine Bibel hinter den Scheibenwischer.

EIN HERR MIT EINEM BOLZENSCHNEIDER FRAGT SIE, OB ER AUF IHR NEUES FAHRRAD AUFPASSEN SOLL.

a) Sie halten ihn für einen verirrten Handwerker.

b) Sie lehnen höflich ab.

c) Sie willigen nur ein, wenn er zugleich auch noch auf Ihren Bullterrier aufpasst.

SIE STOSSEN IN EINER SEITENSTRASSE AUF VERSPRENGTE TEILNEHMER DER TOUR DE FRANCE.

a) Sie teilen Ihre Wasserration mit ihnen.

b) Sie tauschen die Trikots.

c) Sie reichen ihnen frische Dopingmittel.

DER RICHTIGE ABSTAND

IRGENDWANN LERNT MAN einmal Fahrrad fahren. Am Anfang kann man kaum glauben, dass man ohne Stützräder überhaupt fahren kann, man müsste doch automatisch umfallen. Und dann probiert man es – und tut genau das. Aber bald stellt sich heraus, je zügigerer man fährt, desto weniger kippt man um. Und siehe da, plötzlich kann man Fahrrad fahren.

In der nächsten Stufe lernt man dann, wie man sich dabei am besten hält, also die Sitzposition, den Abstand vom Sattel zum Lenkrad und den der Beine zu den Pedalen. Immer vorausgesetzt, man hat sich für die passende Rahmengröße entschieden. Ansonsten kann man sitzen wie man will, es wird nie optimal sein. Viel wurde und wird zu diesem Thema geschrieben, aber über den idealen Trittwinkel sind sich alle einig: Die Beine in der senkrechtesten Position sind nicht ganz durchgedrückt.

Obwohl man mir alles mindestens ein Dutzend Mal sagen muss, bis mein störrisches Langzeitgedächtnis es endlich gespeichert hat (das bestätigen auch alle meine Zeugnisse) habe ich das schnell kapiert. Meine Mutter glaubte, ich hätte dies von meinem Onkel geerbt. Der konnte sich Sachen mit Beinen auch immer gut merken, er sei ein großer Schürzenjäger gewesen. Nun gut, ich habe meine Mutter nicht immer richtig verstanden, aber sie mich auch nicht. So hat sich das ausgeglichen, und wir konnten wunderbar damit leben.

Jedenfalls, seitdem ich von meinem Talent weiß, erleide ich im Alltag angesichts meiner radelnden Zeitgenossen große Qualen. Es ist nicht immer gut, etwas besser zu wissen, echt. Das gleiche Gefühl habe ich auch beim Lesen der morgendlichen Zeitung. Oft denke ich, das war ein Fehler. Klar, vom Zeitunglesen geht mein Bewegungsapparat nicht kaputt, aber meine Stimmung. In diesem speziellen Fall denke ich, hättest du doch bloß nicht erfahren, wie man richtig auf dem Fahrrad sitzt, und das auch noch am eigenen Leib. Dann könnte dein Leben so viel einfacher sein.

Und so starre ich täglich zwanghaft Fahrradfahrern hinterher, die auf ihren Rädern sitzen wie der Affe auf dem Schleifstein. Ich möchte ihnen hinterherrennen und anbieten, ihnen kostenlos die Sattelhöhe neu einzustellen, so sehr schmerzt mich dieser Anblick und meine Sorge, dass sie sich mit der Zeit die Gelenke ruinieren.

Ich versuche mich zurückzurufen. „Peter!", rufe ich, „Was gehen dich eigentlich die Gelenke anderer Leute an?", doch ich höre ja nicht auf mich.

Oft sind es alte Männer, die ächzend, mit im 45 Grad-Winkel abgespreizten Beinen auf ihrem Rad durch die Gegend eiern, und ganz häufig sind es Frauen, die viel zu niedrig auf ihrem Sattel sitzen und sich zäh quälen.

Auch das Gegenteil sieht man: Menschen, die viel zu hoch sitzen und die Pedale während der Fahrt permanent mit der Fußspitze suchen und sie gerade noch knapp erreichen. Auch hier möchte ich mich schreiend auf sie stürzen, sie schütteln und fragen: „Merken Sie nicht, dass Sie zu hoch sitzen? Spüren Sie das nicht? Tun Ihnen beim Treten denn nicht die Beine weh?"

Unbedarfter E-Biker unter Sexismusverdacht

Bei hübschen Frauen wäre ich sogar bereit, das bei einem Tässchen Kaffee zu erörtern, ich würde ihren Kaffee sogar bezahlen. Dabei fällt mir dann natürlich immer sofort die angebliche, genetische Parallele zu meinem Onkel ein.

Ich hab mal einen Psychologen auf mein Problem angesprochen – er riet mir, einfach nicht hinzuschauen. Nicht hinschauen – das ist die Lösung aller Feiglinge, aber nicht meine. Was wird aus unserer Welt, die ja schon schlecht genug ist, wenn wir uns dieses letzte Mitgefühl auch noch versagen? Ich glaube, dass ich mit meinem Einsatz für eine korrekte Sitzposition beim Fahrradfahren der Menschheit einen großen Dienst erweise und damit ein kleines bisschen zu ihrem Wohlbefinden beitrage.

Seit einiger Zeit stehe ich mit meinem Fahrrad vor Supermärkten und Kaufhäusern und versuche den Leuten das Glück der gesunden Haltung beim Fahrradfahren zu demonstrieren. Manche lassen mich einfach links liegen, andere konnte ich bekehren. Gestern erhielt ich einen dankbaren Brief von einem Geläuterten: „Seitdem ich richtig auf meinem Fahrrad sitze, habe ich keine Schuppen mehr." Nur für diesen einen Erfolg hat sich mein ganzer Einsatz schon gelohnt.

ZETTELBOTSCHAFTEN
FÜR AUTOFAHRER, DIE AUF
DEM RADWEG PARKEN:

MUSCULUS GLUTEUS MAXIMUS

„DEIN ARSCH ist einfach zu mager." Ich weiß nicht, ob Ralf das so deutlich sagen muss – immerhin bin ich ja sein Onkel – aber daran, dass bei mir nicht so viel dran ist, ist wirklich was dran. Er kann gut reden, hat selber einen Knackarsch, wenn ich das mal so salopp formulieren darf, also einen, auf dem es sich wundervoll bequem radeln lässt.

„Dein Gejammer kann ja kaum noch jemand hören", meint er. Zugegeben, ich sitze kaum eine halbe Stunde auf dem Rad, da klage ich, dass mir mein Hintern weh tut. Ich habe schon diverse Sättel ausprobiert, breitere, weichere, mit Lammfell überzogene oder anatomisch passgerecht geformte. Es half alles nichts. Und ich habe schon Leute auf knallharten Ledersätteln fahren sehen. Auf meine Frage, wie sie auf diesem Mauerstein schmerzfrei sitzen können, antworteten sie: „Du gewöhnst dich dran, da musst du durch." Das Einzige, woran ich mich gewöhnt habe, war, dass es bei mir nicht funktioniert. Als Radsportler würde ich an meinem Musculus gluteus maximus scheitern, den ich nach einer Tour de France komplett in den Orkus werfen könnte.

Natürlich habe ich es auch mit Salben probiert, vom Hersteller, dem Arzt, dem Apotheker und einem guten Freund empfohlen ... Hirschfett, Penaten, Pferdesalbe ... Ich habe sie vor der Fahrt, dazwischen und sogar nach der

Fahrt in dicker Schicht aufgetragen, eigentlich rund um die Uhr. Es half nichts. Ich hab mir Radlerhosen gekauft, die an den neuralgischen Stellen mit speziellen Materialien verstärkt waren. Eine deutliche Verbesserung spürte ich nicht, höchstens, dass sich die lästigen Schmerzen erst nach gefühlten dreißig Minuten, statt einer halben Stunde nach Fahrtbeginn einstellten.

Auf einer Tagestour, einer Strecke von fast hundert Kilometern von Passau nach Linz, war mein Gesäß am Ende so bedenklich geschwollen, dass ich die letzten Kilometer nur noch im Stehen fahren konnte. Die neuen Proportionen hätte ich als figürliche Vervollkommnung willkommen geheißen, wenn da nicht die Schmerzen gewesen wären, beim Sitzen. Am folgenden Tag musste ich pausieren, womit die mir am Vortag erwiesene Anerkennung meiner sportlichen Leistung wieder zunichte gemacht wurde.

Vor der nächsten Radtour habe ich mir die Innenseiten meiner Radfahrerhose mit Hygieneeinlagen ausgefüttert. Aber abgesehen davon, dass ich mich wie ein Schmuggler fühlte, der in seinem Intimbereich Damenbinden über die Grenze schaffen will, hatte ich keine andersartigen Empfindungen als die mir bekannten Schmerzen.

Bei einer Radtour mit meinen Freunden durchs Wendland erzählte uns die Wirtin eines Gasthofes, dass ihr Opa, der mal bei einer Reise einen kanadischen Fahrradscout indianischer Abstammung kennengelernt hatte, sich in diesem Falle immer feuchte Ahornblätter auf die wunden Stellen getan hätte und danach nie wieder Probleme hatte. Ich war ja inzwischen dankbar für jede

Hilfe, suchte mir einen Ahornbaum und legte mir ordentlich von seinem Blattwerk in die Hose. Ich sage mal: Diesen Hokuspokus kann man voll vergessen. Ich war froh, als ich mich auf der Strecke von diesem Blattsalat unbeobachtet befreien konnte.

Ein Fußballer gab mir den Tipp, meinen Sattel mit Eigenurin zu tränken. Er meinte, so verfahre man auch mit nagelneuen Fußballschuhen, danach drückten oder scheuerten sie nicht mehr. Bei aller Dankbarkeit für konstruktive Ratschläge, es widerstrebte mir einfach, auf meinen Sattel zu urinieren. Da bin ich irgendwie komisch.

Ein guter Freund riet mir dann, zu einem Fahrradtherapeuten zu gehen, der mit mir, wie er sich ausdrückte, „Arschmuskelaufbau macht". Allerwertesten Dank, so weit kommt es noch.

Ein Typ schwor im Internet, dass es ihm in seinem Fall unglaublich geholfen hätte, gar nicht mehr Fahrrad zu fahren. Sehr internett, aber nichts für mich.

T-SHIRTS
Für Radfahrer

Lieber **sauerstoffreich** als **schadstoffarm**

Ich bin **Auto-immun!**

ERSTER!

Hier tritt der Fahrer selbst

Guter Rat: Rad!

Lieber E-Bike als U-Bahn

RADLERTYPEN

Der Fahrradkurier

Der absolute Anarcho unter den Fahrradfahrern. Er muss unter professionellem Zeitdruck von Punkt A zu Punkt B, und das auf dem kürzesten Weg, dabei lässt er sich auch nicht von Ampeln, Verkehrsschildern oder vom Schwerlastverkehr aufhalten. Manche Kuriere erinnern mit ihren Stirnbändern an die japanischen Kamikazeflieger – Piloten ohne Wiederkehr. Das Risiko tragen diese harten Burschen mit Stolz.

Die Zwillinge

Das sind Ehepaare, die der Öffentlichkeit ihre symbiotische Partnerschaft mit optischer Eintracht bekunden. Sie fahren exakt das gleiche Fahrradmodell, tragen bis ins letzte Detail die gleiche Kleidung, treten im selben Rhythmus in die Pedale und atmen synchron. Sie begehen sogar die gleichen Verkehrsverletzungen und teilen sich das Bußgeld.

Der Edelradler

Für ihn ist das Fahrrad weniger Fortbewegungsmittel, sondern Statussymbol. Er bevorzugt Nobelmarken in edelster Verarbeitung mit einem Rahmen aus afrikanischem Affenbaumholz, einem Sattel aus jungfräulichem Lama-Leder und einer Bremsanlage vom spanischen Hersteller Viva Blockada, dem königlichen Haus- und Radlieferant. Um sein Fahrrad zu schonen, schiebt er es nur durch die Straßen.

Der Kilometerfresser

Er ist mit seinem Fahrrad verwachsen und verabscheut den biederen Gelegenheitsradler. Er versteht sein Rad, auch wenn es kein Wort sagt. Auf ihm durchstreift er allein den Kaukasus, durchquert die Wüste Gobi, erkundet den Regenwald, schlägt sich durch Alaska und wagt sich sogar im Sommer auf den Donau-Radweg von Passau nach Wien. Schlechtes Wetter beißt sich an ihm die Zähne aus.

Der Gebrauchsradler

Für ihn ist ein Fahrrad ein Nutzfahrzeug. Er setzt sich drauf, wenn er es braucht – oder er lässt es stehen. Dazwischen überlässt er es sich selbst. Pflege oder Wartung sind für ihn ein Fremdwort. Es gibt für ihn Wichtigeres im Leben als einen Rahmen mit zwei Rädern. Er weiß noch nicht mal, was sein Fahrrad für eine Farbe hat. Ist keine Luft mehr auf den Reifen, schmeißt er es weg.

Der Sonntagsfahrer

Sein Fahrrad steht blank geputzt und umhüllt in seiner Garage und wartet darauf, von ihm am Wochenende ausgeführt zu werden. Niemals würde er einem anderen erlauben, damit zu fahren. Schlechtes Wetter hasst er, weil sein Rad dabei verschmutzt werden könnte. Nach einem Ausflug badet er sein Rad im Ölbad und salbt es mit edlen Fetten. Wenn es ganz brav war, darf es sogar in seinem Bett schlafen.

Der Ausgerüstete

Sein Fahrrad sieht aus wie ein geschmückter Weihnachtsbaum, es gibt keine Stelle, wo nicht etwas hängt oder montiert ist: Kartenhalter, Flaschenhalter, Zeitungshalter, Erste-Hilfe-Tasche, Frischhaltebox, Werkzeugbehälter, Glockenspiel, Reflektoren, Hupe, Chemietoilette, Hygieneartikel, Warndreieck, Fallschirm, Rettungsring und Blend-Raketen gegen Polizeikontrollen sind für ihn ein Must-have.

Die Sportskanone

Sein Fahrrad besteht nur aus Rahmen, zwei Rädern, Sattel und Bremsen, zur Not hat es noch einen Lenker, auf jeden anderen Krimskrams, der den Luftwiderstand erhöhen könnte, verzichtet er. Er fährt sein Rad wie einen Formel-1-Boliden, er muss Tempo und Strecke machen und seinen Blutkreislauf spüren. Im Dunkeln fährt er mit Nachtsichtbrille. Sein Schweiß ist für ihn wie salziger Champagner.

OLDENBURG

ES IST KEIN GEHEIMNIS, dass die Geburts- und Heimatstätte meines Verlages Oldenburg ist. Das ist die Stadt mit dem Turm, der zu Ehren seines heimischen Cartoon-Verlages nach ihm benannt wurde: Lappan. Es ist auch kein Geheimnis, dass Oldenburg den Zweiradfahrern wohlgesonnen ist. Das mag daran liegen, dass es dort so wenig Steigungen gibt. Oder so viel umweltbewusste Einwohner. Vielleicht auch beides.

Ich kann mich noch an den Tag erinnern, als ich zum ersten Mal zu einem Termin mit der Verlagsleitung nach Oldenburg fuhr – und zwar mit dem Auto. Das war schon mal der erste Fehler. Ich wohnte in dieser Zeit in Hamburg, der Stadtverkehr und seine Rangordnung waren mir also bestens vertraut, wobei Fahrradfahrer in der Hansestadt eine eher untergeordnete Rolle spielten. Deutlicher gesagt: Sie rangierten noch hinter einer Hafenbarkasse. In Oldenburg sind die Verhältnisse völlig anders, allerdings wusste ich das zu diesem Zeitpunkt noch nicht. Das war mein zweiter Fehler. Kaum hatte ich die Autobahn verlassen und mich in den Oldenburger Stadtverkehr eingefügt, fielen mir die vielen ausgewiesenen Radwege und die unzähligen Radfahrer auf, von denen viele kerzengrade auf hohen Hollandrädern stolz ihren Zielen entgegenradelten. Zu meinem Erstaunen hielten sie sich überwiegend an die Verkehrsregeln, eine Eigenschaft, die weder in Hamburg und schon gar nicht in Berlin zum Verkehrsverhalten der Radfahrer gehört.

In der Hauptstadt fuhr ich mal im Taxi vom Hauptbahnhof nach Mariendorf und konnte die Anarchie im Verkehrsverhalten der Fahrradfahrer überhaupt nicht fassen. Als ich zu dem Taxifahrer sagte: „Ick gloobet nich, hier fährt ja jeda wia will?", antwortete der mir: „Andere Frare, wie lange warn Sie nich mehr hier?"

Wer hier, in Oldenburg, im Straßenverkehr das Sagen hatte, spürte ich an der körperlichen Haltung der Radfahrer und an ihren abschätzigen Blicken, denen der über allem stehende Vorwurf an mich zu entnehmen war: Du Umwelt-Verpester! Noch nie habe ich als Autofahrer so ein schlechtes Gewissen verspürt wie in Oldenburg. Auf der kopfsteingepflasterten, von beiderseits parkenden Autos massiv verengten Seitenstraße, die mich direkt zum Verlagsgebäude führte, war ich drauf und dran, mein Auto den letzten Kilometer zu tragen, um den aggressiv auf mich zusteuernden Radfahrern devot Platz zu machen.

Als ich ein halbes Jahr später wieder nach Oldenburg musste, parkte ich mein Auto diskret an der Stadtgrenze und ging die letzten acht Kilometer zum Verlag umweltbewusst zu Fuß. Da machte ich die erstaunliche Erfahrung, dass ich für die Radfahrer – denen ich nun auf den Bürgersteigen als räumliche Konkurrenz nicht in die Quere kommen durfte – in ihrer Geringschätzung gleichauf mit den Autofahrern rangierte. Nun begriff ich auch, warum viele Oldenburger Radfahrer so schöne große Klingeln hatten.

Morgen muss ich geschäftlich nach Münster, dort soll es noch mehr Fahrradfahrer geben als in Oldenburg. Aber vorher bekommt mein Auto noch eine Tarnfarbe ...

Das Neueste aus dem Jahre 1912:

Hundebomben für Radfahrer

Bester Schutz gegen die Belästigungen von Hunden, bestehend aus leicht explodierenden, dabei völlig ungefährlichen Stoffen. Man hat nur nötig, die Hundebomben auf die Erde zu werfen, wobei sie schussähnlich explodieren. Verletzungen des Hundes oder des Radfahrers selbst, auch wenn die Bombe in unmittelbarer Nähe niederfällt, sind ausgeschlossen. Im Kistchen zu 50 Stück verpackt.

Achtung! Hundebomben dürfen nur per Bahn versandt werden.

Im weiteren Sortiment für Radfahrer außerdem noch:
Hundekanonen, Radfahrerpeitschen, Radfahrerfeuerwerk, Radfahrerraketen. Der Fabrikant schrieb dazu persönlich: *„Meine Feuerwerkssortimente sind so gediegen zusammengestellt, dass damit wahrscheinlich brillante Effekte erzielt werden können und die Darbietung keineswegs dürftig erscheint."*

(Originaltext aus dem Hauptkatalog der Fahrradwerke August Stukenbrok, Einbeck, 1912.)

BESCHILDERUNGEN

IRGENDWO IN DEN GÄNGEN unserer gewaltigen Behördenapparate, in den Zellen der Bauämter, sitzen sie, die Menschen, die für Straßenführung und Beschilderung in unserem Land verantwortlich sind. Und ich unterstelle ihnen (ja, das tue ich), dass sie aus tief sitzendem Neid auf all die da draußen – die nicht tagaus tagein pünktlich in immer dieselbe Amtsstube und in immer dieselben grauen Gesichter ihrer Arbeitskollegen starren müssen – heimlich kleine Boshaftigkeiten in ihre Planung einbauen, einfach nur, um uns Fahrradfahrer zu piesacken. Sie hocken dann da über ihren Plänen und feixen sich einen bei der Vorstellung, wie wir am Ende einer Ortschaft auf einem ausgewiesenen Fahrradweg um eine scharfe Kurve fahren und plötzlich von der Straßenführung wieder schlagartig zurück auf die Hauptstraße verbannt werden. Überraschung! Ohne jede Vorankündigung, ohne jeden Hinweis – bums! – Ende! – klemmt man schlagartig wieder neben den Karosserien des Autoverkehrs. Das ist lustig, besonders wenn man zügig in einer Kolonne fährt und der Führende plötzlich voll in die Bremsen geht, weil sich der Fahrradweg vor seinen Augen in Luft aufgelöst hat. Viele der Nachfolgenden befanden sich in der Geborgenheit der fließend fahrenden Gruppe in einem entspannten Zustand, manche hatten sogar Zeit nebenbei ein bisschen zu fotografieren oder auf ihren Handys die neuesten SMS zu checken und waren auf einen schlagartigen Spurenwechsel so gar nicht

nicht vorbereitet. Mit der Folge, dass einige von ihnen, um nicht auf ihren Vordermann (oder die Vorderfrau) aufzufahren, hektisch ausbrechen und dadurch wiederum andere gefährden. Es herrscht spontanes Chaos und die berechtigte Frage an die Führungsspitze: „Warum bremst du Blödmann so abrupt?"

Ich gehe mal davon aus, dass die für dieses Desaster Verantwortlichen niemals Fahrrad fahren, geschweige denn, sich die Verhältnisse vor Ort vergegenwärtigt haben. Oder ihnen fehlt die Erfahrung mit Kurven. Vielleicht sind sie an einer schnurgeraden Straße aufgewachsen und haben nie eine Kurve gesehen? Es gibt in unserem Bildungssystem für alles eine Fortbildung und daher mit Sicherheit auch eine Volkshochschule, auf der man die speziellen Eigenschaften einer Kurve kennenlernen kann: „Mittwoch, 20 Uhr. Raum 218: Die Kurve." Dass man sie, je nach ihrer Krümmung, mal weniger, mal mehr schlecht einsehen kann, weil sie halt eben nicht gerade ist. Je schärfer sie also ist, umso mehr kann man von dem überrascht werden, was hinter ihr zum Vorschein kommt.

Aber nein, sie haben in ihren Büros einfach nur Linien gezogen, Maße vermerkt, den Bauauftrag erteilt und ein Schild bestellt: „Ende des Fahrradweges." Es täte unseren Zorn ja schon lindern, wenn sie darunter vermerken würden: „Eine Erweiterung der Fahrradstraße ist geplant." Dann wüsste man wenigstens, dass die übernächste Generation es mal besser hat.

Weibliche Ökonomie

DAS NUTZFAHRZEUG

ES GIBT LEUTE, sogar Freunde und Familien-angehörige, die mir unterstellen, ich müsse bei Fahr-radtouren ständig essen und trinken und überall auf der Strecke halten, wo ich auf interessante Angebote stieße. Das könne handgemachte Marmelade oder auch preiswerte Bettwäsche sein, auch einem preisgünstigen Fernsehsessel könne ich angeblich nicht widerstehen.

All meinen Kritikern möchte ich hier ein für alle Male sagen: „Ja, das stimmt."

Am Ende der Fahrradtour sieht mein Rad wirklich aus wie ein voll beladener Packesel und ist in permanenter Gefahr durch seine schwere Ladung in die Knie zu gehen. Aber ich bin immer noch heil und zufrieden mit meinen Einkäufen nach Hause gekommen.

Einmal entdeckte ich direkt an der Strecke eine Aus-lieferungszentrale der Firma Tupperware, die mich magisch anzog. Nach interessanten Gesprächen mit einigen weiblichen Beschäftigten und einer kleinen Führung durch die Lagerhallen kam ich glücklich mit einem „Käse-Max" wieder heraus. Draußen erwarteten mich meine zerknirschten Gruppenmitglieder und tipp-ten sich an die Stirn. Ich ignoriere so etwas.

Gar nicht mehr aufzuhalten bin ich, wenn es um Bekleidungsläden oder gar Outlet-Center geht. Hier decke ich mich gerne mit frischer Sportunterwäsche und neuem Schuhwerk ein. In ihrer Furcht vor meinem Kon-sumverhalten planen meine Radelkameraden die Routen schon vorsichtshalber durch unbewohnte Gebiete, aber es gelingt mir doch immer wieder, ihren strengen Auflagen zu entgehen. Und wenn es nur ein einsamer Kiosk ist – ich finde ihn.

Beim letzten Mal hat mir diese scheinheilige Bande Scheuklappen geschenkt – angeblich wegen des seitlichen Insekteneinfalls – und mich während der Fahrt in ihre Mitte genommen. Ich bin doch nicht blöd, ich weiß doch, was sie damit verhindern wollten. Alternativ habe ich mir also alles Obst von den Ästen gepflückt, die sich mir während der Fahrt entgegenstreckten. Am Ende kamen da schon ein paar Kilo an Ballaststoffen zusammen.

DER FÜHRER

„MACH DU DAS, du kannst das mit der Karte am besten." Vorsicht! Was so harmlos und freundlich klingt, ist in Wirklichkeit eine Falle. Vor dem Beginn einer Fahrradtour heißt das nämlich, dass derjenige, dem die Karte anvertraut wird, von diesem Moment an nicht nur für die Richtigkeit, sondern auch für die Qualität der Streckenführung verantwortlich ist. Einige gehen in dieser Rolle auf, andere stürzen mit dieser Aufgabe ab.

Ich erinnere mich, wie ich mal zum Navigator für eine Fahrradtour mit sechs Teilnehmern erkoren wurde und mich an einer Kreuzung für eine Abkürzung – einen auf der Karte dünn eingezeichneten Weg – entschieden habe, die nach meiner Auffassung auch eine idyllische Alternative zur sturen Hauptstrecke darstellte.

War der Weg anfangs noch ordentlich befahrbar, wandelte er sich mit der Zeit jedoch in einen immer schwergängigeren Sandpfad, auf dem man wie in der Wüste nur noch mit äußerster Kraft und Mountain-Bike-Bereifung vorankam. Die hatte aber keiner von uns. Die ganz Ehrgeizigen wühlten sich dennoch malmend und schlingernd weiter, viele stürzten hin, einer fiel in einen Busch und verletzte sich am Bein, andere schoben ihr Fahrrad, was allerdings dem ursprünglichen Sinn der Fahrradtour zuwider lief.

Da es mir schwer fällt einen Fehler zuzugeben, trieb ich die Gruppe stur immer tiefer und tiefer in das Waldgebiet hinein und versuchte, die notorischen Skeptiker

mit einem philosophischen Wo-ein-Eingang-ist-ist-immer-auch-ein-Ausgang zu beruhigen. Leider hatte ich den berühmten Holzweg vergessen. Noch aber war ich nicht auf dem Pfad der Erkenntnis.

Um uns herum verwilderte mehr und mehr die Natur, von anderen Menschen war nichts mehr zu sehen, dafür stießen wir auf bis dahin unbekannte Tierarten und ausgebleichte Knochen am Wegesrand. Die Stimmung fing an zu kippen, ich aber bekam Spaß an der Vorstellung, dass wir bald auf Tarzan – oder besser Jane – stoßen würden und versuchte, diesen humorvollen Blickwinkel mit meinen grollenden Rudelmitgliedern zu teilen, doch von diesen Menschen, die sich bis dahin meine Freunde nannten, schlugen mir nur noch Aggressionen entgegen. Ich hatte sogar den Eindruck, sie machten mich für diese missglückte Route verantwortlich, was ich brüsk von mir wies. Im guten demokratischen Verständnis hatte ich sie nämlich vorher, an der entscheidenden Abzweigung, um ihr Einverständnis für meine ausgewählte Strecke gebeten – und ich erinnerte mich an keinen Widerspruch, keinen einzigen. Nun erwies sich dieser Weg also als eine Fehlentscheidung, für mich hingegen als eine Herausforderung.

Inzwischen schoben wir unsere Räder schnaufend zwischen knorrigen Bäumen durch knichohes Gras, bis uns ein kleiner, aber tiefer Fluss das Weiterkommen unmöglich machte. Ich schlug vor, die Räder über dem Kopf zu tragen und uns durch die Furt auf die andere Seite zu schlagen oder alternativ aus dem reichlich vorhandenen Gehölz eine Behelfsbrücke zu zimmern. Einer von uns könnte doch zurückfahren und im nächsten

Baumarkt entsprechendes Werkzeug kaufen. Man entschied sich dagegen, aber dafür, sofort umzukehren. Also kämpften wir uns stumm die ganze, endlos lange Strecke bis zum Ausgangspunkt zurück.

Dort angekommen warf ich ihnen beleidigt die Karte vor die Füße und war heilfroh, diese undankbare Führungsrolle losgeworden zu sein. Ich teilte ihnen mit: „Wenn ihr glaubt, ich sei nicht der richtige Mann für die Routenführung, dann macht euren Scheiß doch gefälligst selber!"

Mein Vorschlag wurde wiederum mit absoluter Mehrheit abgelehnt. Sie sprachen mir kollektiv ihr uneingeschränktes Vertrauen aus und überreichten mir in einer kleinen Zeremonie wieder die Karte. Ich entschied mich dann unter großem Applaus für eine sauber asphaltierte Alternative.

ABGEFAHREN

Würde sich der weltweite Radverkehr bis zum Jahr 2050 verdreifachen, ließen sich die **Energiekosten** im globalen Verkehr um bis zu 24 Billionen Euro senken.

In Deutschland liegt der **Anteil der Radfahrer** am Gesamtverkehr derzeit bei 10 Prozent. In Dänemark bei 20 Prozent. Und in den USA bei nur 1,5 Prozent.

Bei einer globalen Zunahme des Radverkehrs auf 23 Prozent, derzeit sind es 7 Prozent, kann der Ausstoß von klimaschädlichem **CO_2** um 11 Prozent reduziert werden.

Laut Statistischem Bundesamt gibt es in Deutschland **mehr Fahrräder als Autos.** Mindestens ein Auto gibt es in 77 Prozent der Haushalte. 81 Prozent der Haushalte haben hingegen mindestens ein Fahrrad.

Der **Geschwindigkeitsrekord** eines Fahrrades – aus eigener Kraft betrieben – liegt bei 132 km/h. Allerdings handelt es sich hierbei um ein voll-verkleidetes Liegerad.

DIE AUFHOLJAGD

ZUM FAHRRADFAHREN braucht man Kondition, jedenfalls ein Mindestmaß, um sich überhaupt auf dem Rad zu halten. Von da ab steigert sich das Niveau stufenweise hoch bis zum alpinen Mountainbike-Kletterer mit Bleiweste und Übergepäck auf dem Rücken. Wir Normalos bewegen uns irgendwo dazwischen. Manchmal fühlt man sich leistungsfähiger, manchmal weniger.

An diesem herrlichen Spätsommertag an der Ostsee fühlte ich mich im Überschwang eher der höheren Leistungsklasse zugehörig und war bereit, es der Öffentlichkeit zu beweisen. Ein wenig Stolz und Eitelkeit wohnt doch in uns allen. Wir, meine Familie und ich sowie zwei befreundete Pärchen, waren mit unseren Fahrrädern vom Ferienhaus in Prerow ins Ostseebad Zingst geradelt und lagen dort nun dösend am Strand. Da ich über ein inneres Schnellladegerät verfüge, das mir meinen Akku in kürzester Zeit wieder auffüllt, strotzte ich nach einer schlaffen Stunde vor frischer Energie. Die anderen hingegen wollten sich vom Anblick des Meeres einfach nicht trennen und blieben noch liegen. Also sagte ich entschlossen: „Ich fahre schon mal vor", und sprang auf mein Fahrrad.

Auf dem tadellos asphaltierten Fahrradweg des Deiches in Zingst wehte ein strammer Wind von vorne, dem man schutzlos ausgeliefert war. Ein Grund mehr für mich, allen zu zeigen, wie viel Power noch in meinen schlanken Waden steckte.

Natürlich war ich nicht alleine. Kolonnen von Urlaubern quälten sich gegen den Wind: Soloradler, Paare, Gruppen, Eltern mit Kleinkindern oder Hunden, die wohlbehütet in bunten Anhängern hockten. Dicke, Dünne, Alte, Junge, sie alle traten tapfer in ihre Pedalen. Manche von ihnen stumm, manche plaudernd, manche die Landschaft studierend, manche betulich, manche zügiger, manche schneller. Sie alle wollte ich bezwingen. Die ganze Schlange von hinten aufrollen. Platz da, Freunde, hier kommt die geballte Power eines alten Silberrückens.

Mein Rad lief wunderbar rund und fast geräuschlos. Mit kleinen Warnrufen, „Achtung!", oder dezentem Klingeln machte ich die Fahrrad-Karawanen auf mich aufmerksam und fegte dann aufrecht, den Blick starr nach vorne gerichtet, in gespielter Leichtigkeit an ihnen vorbei. Egal wen, ich schnappte sie mir alle. Meine Atmung hatte sich allerdings in ein leichtes Keuchen verwandelt, das ich geschickt mit einem leichten Hüsteln überspielte. Der Gegenwind ließ indessen nicht locker, er war ein echter Gegner.

Manchmal schoss ich aus dem Windschatten vor und jagte zu meinem größten Vergnügen den Überholten damit einen gehörigen Schreck ein. Ich war der Audi auf der Fahrradautobahn nach Prerow. Ihren Respekt spürte ich wie Heckwasser hinter meinem Rücken brodeln.

Gerade bereitete ich mich auf den Überholvorgang eines langen Familienverbandes vor, da vernahm ich hinter mir ein Geräusch – im gleichen Augenblick huschte ein Fahrradfahrer an mir vorbei. Ich brauchte einen kleinen Moment, um zu begreifen, dass ich tatsächlich überholt worden war. Und vor allem: wie! Bei den Bedingungen und meiner konditionellen Vormacht eigentlich undenkbar. Dieser Unsägliche war kein Profi auf einer Rennmaschine, nein, ein ganz stinknormaler, eher übergewichtiger Kerl, der aufrecht und breitbeinig provozierend an mir vorbeifegte und sich aufmachte, langsam am Horizont zu verschwinden. Das konnte ich auf keinen Fall zulassen. Ich holte alles aus mir raus, was an Reserven in mir steckte, und stampfte dem Burschen hinterher. Mein Ehrgeiz tobte. Noch vor dem Ende des Deiches wollte ich ihn eingeholt, besser, überholt haben. Diese Demütigung musste bestraft werden.

Meter um Meter kam ich ihm näher und näher, mehr und mehr darauf bedacht, dass mir meine Zunge nicht in die Fahrradspeichen kam. Es war unfassbar, mit welch Leichtigkeit der Kerl sich bewegte. Tief über mein Lenkrad gebeugt, fixierte ich ihn mit zusammengekniffenen Augen durch den Hagel heranschwirrender Mücken und Fliegen und versuchte herauszukriegen, warum mir der Bursche so überlegen war. Freilich, er war deutlich kräftiger als ich, hatte dickere Waden, vielleicht war es ein aktiver Sportler? Trainierte sieben Mal in der Woche auf einem Fahrradtrainer mit Hanteln an den Füßen? Quälte sich im Fitnessstudio? Lief Marathon? Triathlon? Amok? Aber ich hatte die längeren Beine, also eine effektivere Hebelwirkung. Außerdem, da war ich mir sicher, hatte ich das deutlich bessere Fahrrad: 14 Gang-Nabenschaltung, die Spitze der Übersetzungstechnik. Er machte nicht die geringsten Anstalten, sich etwas nach vorne zu beugen, um seine Angriffsfläche gegen den Wind zu verkleinern. Im Gegenteil, dieser verdammte Hund saß

kerzengerade. Und wenn ich mich nicht täuschte, pfiff er dabei auch noch ein Liedchen.

Meter um Meter kam ich ihm näher. Mir lief der Schweiß von der Stirn. All die Überholten interessierten mich schon lange nicht mehr, ich klingelte sie einfach rüde beiseite. In mir kochte das Jagdfieber. Kurz vor der Abfahrt vom Deich – mein Abstand betrug noch eine Fahrradlänge, und ich war mir sicher, dass er schon meinen heißen Atem spürte – bog der Kerl plötzlich völlig unerwartet scharf nach rechts ab und verschwand. Und brachte mich damit um den Lohn meiner gnadenlosen Aufholjagd: ihn am Ende überholt zu haben. In welchem Zustand auch immer.

Zu Hause angekommen fiel ich für kurze Zeit in ein Erschöpfungskoma und sortierte danach meine völlig aufgewühlten Organe. Eine Stunde später kamen auch die anderen vom Strand zurück, und ich erzählte ihnen – inzwischen hatte sich mein Zustand auch wieder stabilisiert – von meinem Erlebnis. Daraufhin rief Jacob aus der Küche: „Der Typ fuhr'n E-Bike!" Alle fanden, dass ich in diesem Moment ein außergewöhnlich blödes Gesicht machte …

FRAUEN UND FAHRRÄDER

M I R I A M , eine gute Freundin, kommt mich besuchen. Sie fährt nicht mit dem Auto, sie benutzt keine städtischen Beförderungsmittel, ein Taxi schon gar nicht – sie kommt mit ihrem Fahrrad. Einem schneeweißen Hollandrad mit rosafarbener Klingel. Sie liebt es.

Nachdem wir alle wichtigen Themen erörtert und alle Weinschorlen getrunken haben, begleite ich sie noch nach draußen und bewundere ihr hübsches Rad.

„Tschau, Tschau!", sagt sie dann, drückt mir einen Kuss auf, schwingt sich auf den Sattel und radelt los. Im selben Moment durchfährt mich ein beißender Schmerz, den ich vor allem immer dann empfinde, wenn Material unsäglich gequält wird. Ich kann Hilferufe hören, die Frauen nicht hören: Miriams Fahrradkette kreischt nach Öl, die Reifen schreien nach Luft, die Schutzbleche wimmern nach Befestigung, das Radlager ächzt nach Fett. „Dein Fahrrad …!", rufe ich ihr hinterher. „Isses nicht süß?", ruft sie fröhlich zurück und winkt mir unbefangen zu. Das rhythmische Schlagen ihrer Pedale gegen das Kettenschutzblech verklingt in der Ferne …

HIER LACHT DER RADFAHRER

EIN PFARRER kauft sich ein nagelneues Fahrrad. Am nächsten Tag ist das Fahrrad verschwunden. Vermutlich gestohlen.

Er ruft einen befreundeten Pfarrer an und klagt ihm sein Leid: „Ich bin so enttäuscht von meiner Gemeinde, du glaubst es nicht. Da ist doch tatsächlich ein dreister Dieb darunter – in meiner Gemeinde!"„Ich geb dir einen Tipp", sagt der andere Pfarrer.

„Behandle beim Sonntagsgottesdienst doch ganz speziell das siebte Gebot „Du sollst nicht stehlen", und schau dir deine Schäfchen dabei ganz genau an. Dasjenige, das einen roten Kopf bekommt – das ist der Dieb!"

Gesagt, getan. Am Sonntagabend ruft ihn der befreundete Pfarrer an: „Ich bin gespannt, wie ist es denn heute bei der Predigt gelaufen?"

„Klasse! Ich habe es so gemacht, wie du es mir empfohlen hast. Hab ausführlich das siebte Gebot behandelt, es von allen Seiten beleuchtet und interpretiert, aber so sehr ich mir währenddessen die Gesichter auch angeschaut habe, nirgendwo ein roter Kopf! Nun, dachte ich, wenn du schon mal dabei bist, dann kannst du gleich noch die anderen Gebote behandeln, und als ich bei dem sechsten Gebot „Du sollst nicht ehebrechen" angekommen war – da fiel mir schlagartig ein, wo ich mein Fahrrad stehengelassen habe!"

LAPPANs ÜBERLEBEN Reihe
von Peter Butschkow

ISBN 978-3-8303-4366-0

ISBN 978-3-8303-4367-7

ISBN 978-3-8303-4337-0

ISBN 978-3-8303-4375-2

L A P P A N . D E

Der Autor: **Peter Butschkow**

Hier mit seiner geliebten Fahrradtouren-Traumcrew.
Von links nach rechts: Onkel, Bruder, selbst und Neffe.
In der verbleibenden Zeit zeichnet und schreibt er.

www.butschkow.de

© 2016 Lappan Verlag in der Carlsen Verlag GmbH, Oldenburg/Hamburg

ISBN 978-3-8303-4374-5

Texte und Cartoons: Peter Butschkow
Herstellung | Gestaltung: Monika Swirski

Druck und Bindung: Druckerei Theiss GmbH

Printed in Austria

MIX
Papier aus verantwor-
tungsvollen Quellen
FSC® C012536

www.lappan.de